AF324459

INSTRUCTIONS

ET

MODÈLES

POUR

LA TENUE DES REGISTRES

ET

LA RÉDACTION DES ACTES

DE L'ÉTAT CIVIL;

Sous la direction des Chefs des Parquets

DE VESOUL, GRAY ET LURE.

<hr>

LURE.

IMPRIMERIE DE BETTEND, LITHOGRAPHE.

1845.

INSTRUCTIONS.

INSTRUCTIONS.

CHAPITRE PREMIER.

TENUE DES REGISTRES.

1. Les actes doivent être rédigés *au moment* de la déclaration faite à l'officier de l'état civil : ils seront inscrits *en même temps* et dans des termes parfaitement identiques, sur les deux registres ; ils ne le seront *jamais* sur des feuilles volantes, pour être reportés plus tard aux registres. (*Code civil, art.* 42 *et* 52. — *C. pénal, art.* 192.)

2. Une marge d'un quart de la page doit toujours être réservée pour permettre la mention des jugements et autres actes opérant des rectifications. (*C. civ.*, 101.)

3. Chaque acte doit porter en marge : 1° un numéro d'ordre ; 2° la désignation de la nature de l'acte ; 3° le nom de celui ou de ceux qui en sont l'objet.

4. Lorsqu'un registre sera insuffisant pour l'inscription de tous les actes de l'année, le maire achètera, aux frais de la commune, des feuilles de papier timbré de la dimension de celles du registre, et les adressera au procureur du roi pour être cotées et paraphées. Ces feuilles seront cousues au registre primitif, et on continuera, pour tous les actes, à y inscrire la série des numéros.

5. A la fin de chaque année, c'est-à-dire le 1ᵉʳ janvier, le maire clot et arrête tous les registres, *même ceux* sur lesquels aucun acte n'aurait été inscrit : cette clôture a lieu *immédiatement après* le dernier acte. (*C. civ.*, 43.)

6. Dans les premiers jours de janvier, le maire dresse, à la suite de l'acte de clôture dont il vient d'être parlé, les tables alphabétiques des actes, classés suivant leur nature.

7. Immédiatement après la rédaction des tables, le maire envoie au procureur du roi : 1° un des doubles des registres des naissances, mariages et décès ; 2° le registre des publications ; 3° toutes les pièces produites à l'appui des actes. (*C. civ.*, 43—44.)

8. MM. les maires ne doivent pas attendre, pour faire cet envoi, *le terme de rigueur du* 31 *janvier :* une prompte expédition peut seule assurer la vérification des registres dans les délais fixés par l'ordonnance. du 26 novembre 1823, aujourd'hui surtout que cette vérification doit porter sur les deux doubles, aux termes de la circulaire ministérielle du 6 juin 1842. Au surplus, MM. les maires ont un intérêt personnel à ce que cette vérification soit promptement terminée, puisqu'en recevant plus tôt les instructions du procureur du roi, ils seront plus tôt à même d'éviter les contraventions qu'il leur signale.

9. Les maires doivent adresser leurs registres au procureur du roi seul : ils ne correspondent pas en franchise avec les présidents et les greffiers des tribunaux.

10. Les officiers de l'état civil doivent veiller avec une sollicitude toute particulière à la garde des registres qui leur sont confiés : une circulaire du ministre de l'intérieur, du 27 août 1840, appelle sur cette partie du service leur attention spéciale.

Les maires sont obligés de délivrer à toutes personnes des extraits des registres ; mais ils ne doivent *jamais communiquer aux particuliers les registres eux-mêmes*. La loi n'autorise pas cette communication, qui faciliterait quelquefois l'*altération* des registres, et compromettrait gravement la responsabilité des dépositaires.

Les extraits délivrés seront *exactement conformes* aux registres : le maire *seul* doit les signer. Les secrétaires de mairie, n'ayant aucun caractère public, ne peuvent authentiquer par leur signature les expéditions des actes qu'ils transcrivent. (*C. civ.*, 45—51 — *Avis du Conseil d'État du* 2 *juillet* 1807).

Les droits à percevoir pour la délivrance des extraits sont réglés par un décret du 12 juillet 1807.

Articles du Code civil à consulter :
40–41–43–44–45–49–50–51–52.)

CHAPITRE DEUXIÈME.

RÉDACTION DES ACTES EN GÉNÉRAL.

11. Lorsqu'un Maire rédige un acte, il doit toujours avoir sous les yeux les dispositions de la loi relatives à l'état civil, et contenues au Code civil, liv. 1ᵉʳ, titres 2 et 5. La simple lecture des articles du Code fera éviter de nombreuses contraventions : aussi on a indiqué, à la fin de chaque chapitre de la présente Instruction, ceux qui ont trait spécialement à chaque espèce d'acte.

12. Quand l'adjoint remplit les fonctions d'officier de l'état civil, il doit énoncer qu'il agit *pour absence* ou *empêchement* du maire. Il en est de même quand un conseiller municipal supplée le maire et l'adjoint empêchés. Ces deux fonctionnaires ne peuvent être, du reste, régulièrement remplacés que par le conseiller municipal *le premier dans l'ordre du tableau*, et, à défaut de celui-ci, par *le second*. (*Décisions supérieures du 20 mai 1807 et du 28 août 1820. — Loi du 20 septembre 1792, art. 4. — Loi du 21 mars 1831, art. 5.*)

Dans le cas, assez rare du reste, où un adjoint serait chargé d'une manière permanente des fonctions de l'état civil, par une *délégation spéciale du maire* de la commune (*Décret du 4 juin 1806. — Loi du 18 juillet 1837, art. 14.*), il devra, dans tous les actes qu'il recevra, ajouter à l'indication de ses nom, prénoms et qualité, ces mots : DÉLÉGUÉ PAR ARRÊTÉ DU MAIRE, EN DATE DU....., POUR REMPLIR LES FONCTIONS D'OFFICIER DE L'ÉTAT CIVIL. (*Circulaire du ministre de l'intérieur du 30 juillet 1807.*)

> *NOTA.* Expédition de l'arrêté de délégation sera jointe aux registres, lors du dépôt au greffe du tribunal, conformément à l'art. 44 du Code civil.

13. Un acte de l'état civil ne peut *jamais* être reçu par l'officier public qui y figure lui-même comme partie, ou comme donnant son consentement. Ainsi, un maire ne peut constater son propre mariage ou celui de ses enfants, la naissance de ceux-ci, etc., etc.

Il est convenable qu'il s'abstienne également de la réception des actes de décès de ses père et mère, de son épouse ou de ses enfants.

14. Les *femmes* et les *mineurs* ne peuvent servir de témoins. (*Code civ.*, art. 37.)

15. L'officier de l'état civil doit nécessairement *recevoir lui-même* tous les actes et *assister* à leur inscription sur les registres; mais il n'est pas obligé de tenir la plume. Souvent même ce travail sera plus utilement confié au secrétaire de la mairie, ou à l'instituteur de la commune. (*C. civ.*, 35—38—39.)

16. Les actes doivent être corrects, lisibles et bien orthographiés. Il faut, autant que possible, éviter l'emploi d'une encre trop blanche et de caractères trop menus; enfin écrire en lettres plus grosses les *noms* et *prénoms* de ceux que l'acte intéresse.

17. Les noms de famille surtout doivent être écrits de la même manière qu'ils l'ont été dans les actes antérieurs. Le maire doit toujours *consulter* les parties elles-mêmes sur l'orthographe de leurs noms : sa négligence à cet égard peut devenir une source de difficultés et de procès. (*C. civ.*, 99 *et suiv.* — *Loi du* 11 *germinal an XI.* — *Avis du Cons. d'État, du* 30 *mars* 1808.)

18. La qualité de membre de la Légion-d'Honneur doit être mentionnée exactement dans les actes de l'état civil. (*Circ. du Min. de la justice, du* 3 *juin* 1807.)

19. Aucun mot ne doit être *gratté*, puis *surchargé*. Quand on s'est trompé, il faut *rayer les mots erronés*, et *approuver la rature par un renvoi placé non pas en marge, mais à la fin de l'acte*, avant les signatures. On fera de même si une omission a été commise. Au surplus, quelque soit le mode d'approbation d'une rature ou d'un renvoi, cette approbation doit être signée par *le maire* et par *toutes les parties, en toutes lettres*, et non pas seulement paraphée par les initiales des noms. (*Code civ.*, 42.)

20. Il faut, en rédigeant, éviter les phrases trop longues, qui nuisent d'ordinaire à la clarté de l'acte. Dans les actes compliqués, tels que ceux de mariage, il sera bon de mettre à la ligne les énonciations principales; mais alors il sera *indispensable* de tirer une barre à la plume sur les fins de ligne qui seraient laissées en blanc. (*C. civ.*, 42.)

21. Aucune date ne peut être mise *en chiffres* : aucun mot ne doit être écrit *par abréviation*. (*C. civ.*, 42.)

22. L'officier de l'état civil donnera lecture des actes aux parties et aux témoins, avant la signature : il sera fait mention de l'accomplissement de cette formalité. (*C. civ.*, 38.)

23. L'acte sera signé *immédiatement après cette lecture*. Quelques maires attendent l'expiration d'un délai plus ou moins long pour signer ou faire signer *en bloc* les différents actes. Ce mode de procéder est illégal et dangereux : il indique l'emploi abusif des mêmes témoins et fait présumer le faux. Souvent aussi les parties ou les témoins se trouvent dans l'impossibilité de signer plus tard, ou, après avoir été désignés dans un acte, ils en signent un autre. (*C. civ.*, 39.)

Des irrégularités aussi graves, portées à la connaissance du ministère public par suite d'une *plainte* ou d'une *vérification inopinée* des registres, exposent les officiers de l'état civil à des *poursuites sévères*. Il est d'ailleurs de leur intérêt personnel de signer et faire signer tous les actes aussitôt après leur rédaction. Si la mort venait à les frapper avant que cette formalité ait été remplie, leurs héritiers seraient exposés *à supporter les frais* des enquêtes et des jugements qu'une négligence coupable aurait rendus nécessaires.

24. Dans certaines localités, MM. les maires admettent comme équivalente à une signature l'apposition de signes souvent peu apparents, tels que *des croix*, par les personnes qui ne savent point écrire. C'est là un usage intolérable; il est d'ailleurs contraire à la loi. Lorsqu'une partie ne sait signer, il faut en faire *une mention expresse* et ne pas se servir, pour rendre cette idée, de l'expression impropre...*illettré* ou *illitéré*. (*C. civ.*, 39.)

25. Les signatures doivent être placées *immédiatement au-dessous* de la dernière ligne du corps de l'acte, afin qu'on ne puisse rien y ajouter plus tard. Si des renvois sont faits à la fin, ils doivent l'être de manière qu'il soit *évident* qu'on ne les a pas inscrits *après coup* au-dessus des signatures, et qu'ils ont été signés en *connaissance de cause*.

26. Ce n'est qu'après et *sous* la signature des parties et des témoins, que l'officier de l'état civil appose lui-même la sienne à l'acte. Celle-ci doit être précédée ou suivie de la mention de sa qualité de maire ou d'ad-

joint, afin d'éviter la confusion des noms et de bien établir l'authen
ticité de l'acte.

27. On doit transcrire sur les *deux* registres *courants* de l'état civ·
les actes faits en mer, dans les hôpitaux ou à l'armée, et dont les cop·
sont envoyées ultérieurement à MM. les maires, conformément aux a·
60—61—80—87—93—95—96—97—98 du Code civil, et à l'art.·
de la loi du 13 janvier 1817.

28. Quand un maire reçoit, pour la transcrire sur les registres de
commune, l'expédition d'un acte de cette nature, il doit en faire la *cop·*
littérale et *entière*, et la terminer par la mention suivante, datée
signée de lui :

> « *Transcrit et certifié conforme à l'expédition par nous*........
> « ...... *maire, officier de l'état civil de la commune de*.....
> « *A*.......... *le*.............. 184
> « *Le maire*, ... »

La pièce est ensuite annexée au registre destiné au greffe du tribuna
(*C. civ.*, 44.)

29. Les maires doivent s'adresser au procureur du roi pour la sol·
tion de toutes les difficultés relatives à l'état civil. Dans le cas où la r·
daction de l'acte ne pourrait être différée, ils seront toujours à mêm·
de consulter soit le juge-de-paix du canton, soit le maire le plus voisi·
sauf à référer encore au procureur du roi.

Articles du Code civil à consulter :
34–35–37–38–39–40–42–60–61–80–87–93–95–96–97–98.

CHAPITRE TROISIÈME.

DES ACTES DE NAISSANCE.

30. Les déclarations de naissance seront faites dans les *trois jours d·*
l'accouchement, à l'officier de l'état civil du lieu, c'est-à-dire que l'en

fant né le premier janvier, par exemple, peut être déclaré jusques et y compris le 4 du même mois. L'enfant lui sera présenté.

Cette formalité, nécessaire pour prévenir les abus, *n'interdit pas à* l'officier de l'état civil *de se transporter vers l'enfant*, suivant l'exigence des cas; le but de la loi sera, de cette manière, également atteint.

31. Pour avoir qualité à déclarer une naissance, la loi n'exige qu'une seule condition, c'est que l'on ait *assisté à l'accouchement*. Il faut donc *énoncer avec soin* cette circonstance, chaque fois surtout que la déclaration est faite par une personne *autre que le père*. (*C. civ.*, 55—56.)

Il n'est pas nécessaire, d'ailleurs, que les *déclarants* réunissent les conditions exigées par l'art. 37 du Code civil. Cet article n'est applicable qu'aux *témoins*.

32. Les maires *sont tenus* de *signaler* immédiatement au procureur du roi les personnes qui ont contrevenu aux dispositions des art. 55 et 56 du Code civil. (*C. pén.*, 346.)

33. Lorsque la naissance n'aura pas été déclarée dans les trois jours, l'acte de naissance ainsi omis ne pourra être inscrit sur les registres qu'en vertu d'un jugement rendu, après examen des causes de l'omission, contradictoirement avec les parties intéressées et sur les conclusions du ministère public. (*C. civ.*, 99 *et suivants. — C. de proc.*, 855. *— Avis du Conseil d'État du* 12 *brumaire an* VI.)

34. Si la déclaration d'une naissance légitime n'est pas faite par le père, on inscrira dans l'acte ses prénoms, nom, âge, profession et domicile, et la cause qui l'empêche de faire cette déclaration; si cette cause n'est qu'*une absence, une maladie* ou *autre empêchement* de ce genre. (*C. civ.*, 34—56—57.)

35. Si le père refuse de faire la déclaration, ou s'il est absent pour quelque cause infamante, telle que détention dans les prisons, ces circonstances *ne seront pas énoncées;* et après avoir relaté, comme à l'ordinaire, les prénoms, nom, âge, profession et domicile du père, on ajoutera simplement que celui-ci *n'est pas présent*.

36. Si l'enfant n'est pas légitime, la mère *seule* sera désignée dans l'acte, et l'enfant sera inscrit sous le nom de celle-ci. En cas de reconnaissance postérieure, l'acte qui la constatera sera dressé *selon le mode*

prescrit au n° 70 ci-après. Le maire en enverra immédiatement copie
procureur du roi, et mentionnera la reconnaissance *en marge* de l'a
de naissance de l'enfant qu'elle concerne, ainsi qu'il est dit aux n°˙
et 82 ci-après. (*C. civ.*, 62.)

37. L'officier de l'état civil auquel on se présente pour reconna
un enfant naturel, doit recevoir la déclaration *telle qu'elle lui est fa*
il n'a pas à s'occuper du mérite de cette déclaration et des conséquen
qu'elle peut avoir. La loi pose cependant à cette règle une exceptio
c'est lorsque la reconnaissance porterait sur des enfants *incestueux*
adultérins. Dans ce cas, l'officier de l'état civil *se refusera* à inscrire i
semblable déclaration. (*C. civ.*, 335).

La reconnaissance peut être faite devant l'officier de l'état civil dé
sitaire de l'acte de naissance, ou devant tel autre que les parents el
siront. (*C. civ.*, 334.)

38. La recherche de la paternité est interdite (*C. civ.*, 340) :
conséquence, l'officier de l'état civil ne recevra aucune déclaration
indiquerait le père d'un enfant naturel, *à moins* qu'elle ne soit faite
le père *lui-mêm* eou par son *fondé de procuration spéciale et auth*
tique, cas auquel l'enfant doit être inscrit *sous le nom du père.* (*C. ci*
36—334—340.)

Nota. La procuration sera signée, *ne varietur,* par le déclarant et par l'offi
de l'état civil, et restera annexée au registre. (*C. civ.*, 44.)

39. Il faut indiquer avec soin : 1° le lieu, le jour et l'heure de
naissance ; 2° le sexe de l'enfant ; 3° l'âge de la mère ; 4° sa professio
5° sa qualité de célibataire ou de femme mariée. (*C. civ.*, 34—57.

40. Les noms en usage dans les différents calendriers, et ceux é
personnages de l'histoire ancienne, pourront seuls être reçus com
prénoms dans les actes de naissance. Il est *interdit* aux officiers de l'é
civil d'en admettre aucun autre. (*Loi du 11 germinal an XI, art.* 1°

41. Lorsqu'il naît des enfants jumeaux, il doit être dressé un acte sépa
pour chacun d'eux. Il faut alors indiquer avec exactitude : 1° l'heure
la minute de la naissance de chaque enfant ; 2° la qualité de jumea
3° s'il est sorti *le premier* ou le *second* du sein de sa mère ; 4° s'il por
des signes ou marques extérieures qui pourraient le faire distinguer ; 5° l
prénoms donnés à chaque enfant : ces prénoms doivent être *différents.*

42. Lorsque le cadavre d'un enfant dont la naissance n'a pas été enregistrée, sera présenté à l'officier de l'état civil, cet officier n'exprimera pas qu'un tel enfant est décédé, mais seulement *qu'il lui a été présenté sans vie*. Il recevra la déclaration de *deux témoins* touchant les noms, prénoms, âges, professions et demeures des père et mère de l'enfant, et la désignation des an, jour et heure auxquels l'enfant est sorti du sein de sa mère. Cet acte sera inscrit à sa date sur *les registres des décès*, sans qu'il en résulte aucun préjugé sur la question de savoir si l'enfant a eu vie ou non. (*Décret du 4 juillet* 1807.)

Dans le cas, assez rare, de remise à l'officier de l'état civil d'un *enfant trouvé*, le procès-verbal exigé par l'article 58 du Code civil sera *transcrit en entier* sur les registres.

Articles du Code civil à consulter :

55–56–57–58–62–355–340.

CHAPITRE QUATRIÈME.

ACTES DE PUBLICATIONS.

43. Les deux publications prescrites par la loi doivent être faites à huit jours d'intervalle, un *dimanche*, devant la porte de la maison commune, et, à défaut de maison commune, devant la porte de la maison du maire. Elles seront *renouvelées* si elles n'ont pas été faites à deux dimanches consécutifs, ou si le mariage n'a pas été célébré dans l'année, à compter de l'expiration du délai des publications. (*C. civ.* 63—65. — *Loi du* 18 *floréal, an X.*)

44. Indépendamment des énonciations prescrites par l'art. 63 du Code civil, l'acte de publication doit contenir celles communes à tous les actes indiqués par l'article 34 du même Code. (*C. civ.* 34—63.)

45. Les parties n'assistent pas à la publication : elles n'ont à produire que des notes contenant les indications nécessaires. L'officier de l'état

civil ne peut exiger aucune autre production de pièces. (*Avis du Conse*
d'État du 30 mars 1808.)

Cependant, lorsque les futurs sont mineurs, il est prudent de ne pa
faire les publications sans s'assurer d'avance du consentement des pèr
et mères, ou du moins de celui de leurs pères.

46. Il est dressé de chacune de ces publications un acte séparé, qu
s'inscrit immédiatement, et *à sa date*, sur le registre des publications
La seconde doit, comme la première, être relatée *en entier* et *non sou*
forme de simple certificat.

On contrevient formellement à l'article 42 du Code civil, en laissan
entre deux actes de première publication dressés le même jour, *un*
blanc, pour y inscrire, huit jours après, la seconde publication corré
lative au premier de ces actes.

47. Un extrait de l'acte de publication sera et restera affiché à 1
porte de la maison commune, et, à défaut de maison commune, à cell
du maire, pendant les huit jours d'intervalle de l'une à l'autre publi
cation. (*C. civ.*, 64.)

48. Le mariage peut être célébré le mercredi qui suit le dimanche d
la seconde publication. Cependant, il est loisible au procureur du ro
d'accorder, *pour des causes graves*, dispense de cette seconde publica
tion. Le mariage alors sera célébré régulièrement le mercredi qui suivr
le dimanche de la première et unique publication. (*C. civ.*, 64—169
—*Arrêté du 20 prairial an X. art. 3.*)

Sur les oppositions et certificats de non-oppsition, voir ci-après le
chapitre 5 relatif aux actes de mariage.

Articles du Code civil à consulter.

De 63 à 69. — 169.

CHAPITRE CINQUIÈME.

DES ACTES DE MARIAGE.

49. Le mariage sera célébré *publiquement* devant l'officier de l'état civil du domicile de l'un des futurs, dans la maison commune, et, à défaut de maison commune, dans le local qui en tient lieu. Cette formalité sera mentionnée *soigneusement* dans l'acte.

Le domicile, quant au mariage, s'établit par six mois d'habitation continue dans la commune. (*C. civ.*, 74—102—165.)

Le mineur, ayant son domicile légal chez ses père et mère ou tuteur (*C. civ.*, 108), c'est au domicile de ceux-ci que son mariage doit se célébrer.

MM. les maires, avant de procéder à la célébration d'un mariage, examineront toujours *avec soin* s'ils ont capacité pour le faire. (*Code civ.*, art. 165—193.)

50. Les articles 76, 165 et suivants du Code civil indiquent les énonciations qui doivent être insérées dans l'*acte* de mariage, et les formalités relatives à sa *célébration*.

La déclaration des contractans de se prendre pour époux, doit être *positive*, *expresse*, émaner de personnes capables de manifester clairement leur volonté : ainsi l'officier de l'état civil ne célébrera le mariage du *sourd* et *muet*, que dans le cas où les facultés de celui-ci lui permettront d'exprimer d'une manière *non équivoque* sa volonté.

Il se refusera à marier l'homme *interdit*.

51. On énoncera dans l'acte si les époux sont *majeurs* ou *mineurs*. La majorité dont il est ici parlé est celle fixée par l'article 388 du Code civil, et non la majorité relative énoncée dans les articles 148, 151 et suivants du même Code. (*C. civ.*, 76.)

52. Quand le père ou la mère ne sont pas présents, *leur consentement doit être donné par acte passé devant notaire*. Si le père ou la mère, ou tous les deux sont morts, il faut mentionner cette circonstance, l'époque, le lieu du décès, et se faire remettre les pièces à l'appui.

Lorsque, pour établir le décès de leurs pères et mères, il sera *impy* *sible* aux futurs époux de produire des *extraits* des registres, l'offici de l'état civil pourra passer outre au mariage des *majeurs*, sur l'att tation donnée par les aïeuls et aïeules, *qu'en effet les pères et mères* *époux sont décédés. (Avis du Cons. d'État du 4 therm. an XIII, art. 1*

Si les pères et mères, aïeuls et aïeules sont tous décédés, sans qu' puisse en rapporter la preuve légale, parce que le lieu du décès ser *inconnu;* si même ils sont *absents* depuis long-temps, et qu'on n'ait de leurs nouvelles, il sera procédé à la célébration des mariages des m jeurs (il s'agit ici de la majorité de 21 ans), sur leur *déclaration à se* *ment*, que le lieu du décès et celui du dernier domicile de leurs asce dants leur sont inconnus. Cette déclaration, certifiée aussi par les quat témoins de l'acte de mariage, sera mentionnée exactement par l'offici de l'état civil. (*Même avis, art. 2.*)

Nota. Cette décision, d'une application fréquente, doit être étudiée avec so Elle est consignée au Bulletin des lois, 2ᵉ semestre de l'an XIII, page 367.

33. Le consentement de la mère doit toujours être énoncé, *qua.* *même* le père est présent au mariage pour y donner le sien. En cas dissentiment, le consentement du père suffit. Enfin, si la mère est mariée, ni le consentement ni l'autorisation du second mari ne sont n cessaires au mariage des enfants du premier lit. (*C. civ.*, 148—149

34. Lorsqu'un futur n'a pas *vingt-cinq ans accomplis*, et la futu *vingt-un ans*, et qu'ils ont leurs pères et mères ou aïeuls, *rien* ne pe suppléer le *consentement de ceux-ci*, s'il est refusé. Passé cet âge, peut être remplacé par les *actes respectueux;* mais il faut toujours jus fier de l'un ou des autres (*C. civ.*, 148—151—152—153—154.)

En cas d'*absence* de l'ascendant dont le conseil devrait être deman pour la validité du mariage, on se conformera au prescrit de l'art. 1 du Code civil.

MM. les maires n'oublieront pas que la loi dispose d'une manière g nérale : ainsi, *quel que soit l'âge* auquel on est parvenu, que l'on soit *libataire* ou *veuf*, on *doit justifier* de la demande du conseil de ses pè et mère, ou, à leur défaut, de ses aïeuls ou aïeules.

35. Les articles 148, 149, 151 et suivants du Code civil, relati aux *consentement et conseil des pères et mères*, sont applicables à l'enfa *naturel reconnu*. (*C. civ.*, 158.)

56. Le futur et la future, âgés de moins de vingt-un ans révolus. et qui n'ont plus d'*ascendants*, doivent rapporter le *consentement du conseil de famille*, s'ils sont enfants légitimes ; et, s'ils sont enfants *naturels non reconnus*, celui d'un *tuteur spécial* qui leur est nommé à cet effet par un conseil formé selon le mode prescrit par l'art. 409 du Code civil.

L'assistance d'un tuteur spécial est également *nécessaire* au mariage de l'enfant naturel *reconnu*, mais dont les père et mère sont *morts* ou ne *peuvent* manifester leur volonté. (*C. civ.*, 159—160.)

Quant à l'enfant *trouvé* admis dans un hospice, il ne peut se marier sans le consentement de la commission administrative de l'hospice. (*Loi du* 15 *pluviôse an XIII.*)

L'officier de l'état civil qui procéderait à la célébration d'un mariage. au mépris des dispositions contenues dans les articles 148, 149, 150 et 160 du Code civil, encourrait le châtiment sévère édicté par l'art. 193.

57. Les militaires ou marins en activité de service ne peuvent se marier sans justifier d'une *permission* délivrée par l'*autorité* militaire *compétente*, et qui reste annexée à l'acte de mariage. (*Décr. des* 16 *juin,* 3 *et* 28 *août* 1808. — *Avis du Cons. d'État du* 21 *décembre* 1808. — *Ord. roy. du* 29 *octob.* 1820, *art.* 274-272. — *Ord. roy. du* 27 *déc.* 1831. — *Circ. du Min. de la guerre du* 21 *fév.* 1834.)

58. Si l'un des deux époux est *veuf*, il faut l'énoncer, ainsi que les nom, prénoms, profession, lieu et époque de la mort du premier époux. L'acte de décès de celui-ci devra être reproduit et annexé à l'acte de mariage. (*C. civ.* 228, *et C. pén.*, 340.)

59. Les extraits d'actes de naissance, décès ou autres fournis par les futurs, *doivent être légalisés* par le président du tribunal. (*C. civ,* 45.)

Lorsque, par suite de la non-existence de registres, ou pour toute autre cause, un acte de naissance ne pourra être produit, il sera suppléé par un acte de notoriété, conformément aux articles 70, 71 et 72 du Code civil.

60. Les procurations et autres pièces qui restent annexées aux registres de l'état civil, *seront paraphées* par le maire et la personne qui les aura produites. Il serait convenable aussi, pour en faciliter le classement au greffe, où elles sont déposées, d'inscrire au dos de chaque pièce : 1° le nom de la commune où le mariage est célébré ; 2° le numéro de l'acte de mariage auquel ces pièces se réfèrent ; 3° les noms des futurs.

Il est utile aussi de *lier ensemble* les pièces relatives au même maria
(*C. civ.* , 44.)

61. Si les actes de naissance, décès ou autres qui doivent être p
duits, ont été reçus dans la commune où leur production est nécessai
l'officier de l'état civil se fait seulement représenter les originaux, s
en exiger une copie ; et il énonce dans l'acte qu'il a vérifié, sur les
gistres mêmes, l'existence des naissances ou décès. On évite ainsi a
parties des frais inutiles.

62. Le maire doit s'attacher à écrire dans l'acte de mariage les no
des futurs et de leurs pères et mères *exactement* comme ils l'ont été da
les actes de naissance ou autres qui lui sont représentés.

63. Dans le cas où le nom d'un des futurs n'est pas orthographié da
son acte de naissance, comme celui de son père, et dans le cas où l'
aurait omis quelqu'un des prénoms de ses parents, le témoignage (
père et mère ou aïeuls, assistant au mariage et *attestant l'identi*
suffit pour procéder à la célébration. Il en sera de même si, n'étant p
présents, ils attestent l'identité dans leur consentement donné en
forme légale ; ou si, étant décédés, l'identité est attestée, savoir : po
les mineurs, par le conseil de famille, et, pour les majeurs, par les quat
témoins de l'acte de mariage. (*Avis du Cons. d'État du* 19 *mars* 1808

64. Lorsqu'un des futurs n'est pas *Français*, l'officier de l'état ci
pourra, s'il éprouve quelque embarras, s'adresser au procureur du r
Les pièces produites doivent *toujours* être légalisées par l'ambassade
français résidant dans le pays où elles ont été délivrées.

65. Les étrangers qui veulent contracter mariage en France, doive
obtenir l'*autorisation* de leur gouvernement, ou *du moins justifier* qu'i
ont, suivant les lois de leur pays, toutes les qualités requises pour co
tracter mariage. Ces justifications doivent être fournies dans l'intérêt d
Françaises qu'ils épousent, et pour assurer à celles-ci les droits (
femmes légitimes. Les pièces produites à cet égard doivent, comm
toutes autres, être annexées à l'acte de mariage. (*Circ. du Garde d*
Sceaux du 4 *mars* 1831.)

66. Il faut énoncer avec soin si les témoins sont parents ou alliés d
parties, de quel côté et à quel degré. (*C. civ.,* 76.)

67. Les pères ou aïeuls des futurs, figurant dans l'acte pour donner leur consentement, ne peuvent pas faire partie des quatre témoins.

68. L'acte de mariage doit être signé *seulement* par les personnes qui y *participent* légalement, et non par les autres personnes invitées d'ordinaire à cette cérémonie.

69. Les enfants nés hors mariage, *autres* que ceux nés d'un commerce *incestueux* ou *adultérin*, peuvent être légitimés par mariage subséquent, lorsqu'ils auront été reconnus légalement avant le mariage, ou lorsqu'ils le seront dans l'acte même de célébration. (*C. civ.*, 331.)

70. Dans ce dernier cas, le maire *énoncera avec soin*, dans l'acte de mariage, les nom et prénoms, le sexe, l'époque et le lieu de la naissance de l'enfant, soit à vue des registres, s'il est né dans la commune, soit en exigeant un extrait de l'acte de naissance, s'il est né dans un autre lieu.

71. Toute légitimation ainsi opérée sera inscrite *sommairement* en marge de l'acte qu'elle rectifie, et copie textuelle de cette mention sera transmise sur le champ au procureur du roi. (*C. civ.*, 49.)

72. Il est loisible au roi de lever, pour des *causes graves*, les prohibitions portées aux mariages entre beaux-frères, belles-sœurs, oncles et nièces, tantes et neveux. Dans tous ces cas, le maire renverra les futurs devant le procureur du roi, qui leur indiquera les pièces à fournir, et par l'intermédiaire duquel toutes ces demandes de dispense doivent être transmises à la chancellerie. (*C. civ.*, 162—163—164. — *Loi du* 16 *av.* 1832.)

Articles du Code civil à consulter :

De 70 à 76. — 102. — De 144 à 179. — 195-228.

CHAPITRE SIXIÈME.

DES ACTES DE DÉCÈS.

73. L'officier de l'état civil doit s'assurer du décès, par lui-même ou par un homme de l'art, avant d'autoriser l'inhumation. (*C. civ.*, 77.)

74. La déclaration de décès doit être faite dans les *vingt-quatre* *heures*, et par les deux plus proches *parents* ou *voisins*, autant qu'il possible. L'officier de l'état civil *exigera toujours* la déclaration de personne chez laquelle le décès a eu lieu, lorsque l'individu décédé s hors de son domicile. (*C. civ.*, 78.).

75. Les énonciations prescrites par l'article 79 du Code civil doiv être relatées avec soin dans l'acte de décès. Ainsi, il faut faire connaîtr 1° les *prénoms, nom, âge, profession* et *domicile* de la personne décéd 2° sa qualité de célibataire : si elle est mariée, indiquer *les prénom nom, âge, profession* et *domicile* de l'époux survivant; si elle est veuv les *prénoms, nom, profession* et *dernier domicile* de l'époux prédécéd 3° le *jour*, le *lieu* et l'*heure* du décès (*); 4° le *degré de parenté* des clarants; 5° l'acte de décès contiendra de plus, autant qu'on pourra savoir, les *prénoms, noms, professions* et *domiciles* des *père* et *mère* décédé; 6° le *lieu de naissance* du défunt. Si quelques-uns de ces r seignements ont manqué, il faudra l'énoncer. (*C. civ.*, 34—79.)

76 Les articles 80 et suivants du Code civil règlent les formalités observer en cas de décès dans les hôpitaux et maisons de détention, cas de mort violente, ou pendant un voyage en mer. (*Circ. de M. Préfet de la Haute-Saône du 16 novembre 1844, Recueil, n° 27.*)

Dans le cas de mort violente, résultat d'un suicide, d'un duel ou d' assassinat, l'officier de l'état civil dressera l'acte *comme dans les cas o dinaires*, en ayant soin de se faire assister, pour sa rédaction, de deu personnes ayant connaissance du décès, *mais sans faire aucune mentio de sa cause ni du genre de mort. (C. civ., 35.)*

77. Les maires et autres officiers de police *sont tenus* de se faire r présenter les corps des ouvriers qui auraient péri dans une exploitation ils ne permettront l'inhumation *qu'après* que le procès-verbal de l'acc dent *aura été dressé*, conformément à l'article 81 du Code civil, et so les peines portées dans les articles 358 et 359 du Code pénal. (*Décr du 3 janvier 1813, sur l'exploitation des mines, art. 18.*)

78. Si les corps ne peuvent être retrouvés, le maire constate cet circonstance par un procès-verbal qu'il transmet au procureur du roi, la diligence duquel, et sur l'autorisation du tribunal, cet acte sera a nexé aux registres de l'état civil. (*Même décr., art. 19.*)

78 *bis.* Si une personne venait à disparaître soit sous les eaux, so dans les flammes d'un incendie, *sans qu'il fût possible de trouver so*

...davre, l'officier de l'état civil n'aurait *aucun acte de décès à dresser*, sauf aux parties intéressées à se pourvoir devant les tribunaux pour faire constater légalement le décès.

79. L'orsqu'un individu meurt dans une commune autre que celle de son domicile, le maire envoie au préfet une copie de l'acte de décès. qui est transmise au dernier domicile du défunt. Si ce dernier domicile est inconnu, le maire doit joindre à l'acte de décès transmis au préfet tous les renseignements propres à le faire découvrir. (*Cir. de M. le Préfet de la Haute-Saône du* 16 *novembre* 1844.)

80. Les maires doivent envoyer *copie sur papier libre*, savoir : 1° aux juges de paix, des actes de décès des individus *jouissant d'une pension* ou *rente viagère sur l'État,* en indiquant *la nature* et *la quotité* de la rente et *la qualité* du pensionnaire; 2° aux intendants et sous-intendants militaires, des actes de décès de tout militaire *jouissant d'une solde de retraite* ou *de non-activité;* 3° aux procureurs du roi, des actes de décès des *membres de la Légion-d'Honneur.* (*Circ. du Min. de la justice du* 22 *novembre* 1814; — *du* 10 *juillet* 1817. — *Circ. de M. le Préfet de la Haute-Saône du* 6 *novembre* 1844, *Recueil, n°* 27.)

Sur la présentation d'un enfant sans vie, *Voyez* ci-dessus, chapitre troisième, n° **42.**

Sur la transcription des actes de décès envoyés conformément aux numéros 76 et 79 du présent chapitre, *Voyez* ci-dessus les numéros **27** et **28** du chapitre deuxième, relatif à la rédaction des actes en général.

<h3 style="text-align:center">Articles du Code civil à consulter:</h3>

De 77 à 87.

Nota. 1° Lorsqu'il y aura des signes ou indices de mort violente, indépendamment des précautions rigoureusement exigées par l'article 81 du Code civil, le maire fera bien d'en donner avis sur-le-champ au juge-de-paix du canton.

Dans le cas où il s'élèverait de graves soupçons de l'existence d'un crime, *il devra* en outre, et *immédiatement, informer, par exprès,* le procureur du roi des principales circonstances qui auront précédé ou accompagné la mort. Il fera surveiller le cadavre d'une *manière permanente,* et *attendra,* pour permettre l'inhumation, la réponse de ce magistrat.

2° Chaque fois que la personne dont on leur déclare le décès, laisse pour héritiers des *pupilles,* des *mineurs* ou des *absents,* les officiers de l'état civil doivent s'empresser d'en donner connaissance au juge-de-paix du canton, afin que celui-ci vienne apposer les scellés. (*Arrêté du Directoire du* 22 *prairial an V.*)

CHAPITRE SEPTIÈME.

DE LA RECTIFICATION DES ACTES DE L'ÉTAT CIVIL

81. L'officier de l'état civil ne peut faire aux actes *aucune rectifica tion*, ni recevoir aucune déclaration *tardive*; c'est aux tribunaux seu qu'il appartient de statuer en pareil cas. (*C. civ.*, 99—100—101.)

82. Quand un acte est rectifié, mention de cette rectification doi être faite *en marge* du registre déposé aux archives de la commune ; dès-lors aucune expédition de l'acte réformé ne peut être délivrée san y relater, à la suite, *la mention textuelle* de la rectification. Le mai envoie sur-le-champ au procureur du roi copie, *sur papier libre*, de l'acte réformé, afin que la même rectification soit opérée sur le registr déposé au greffe du tribunal. (*C. civ.*, 49 — 101. — *C. de proc.*, 857. - *Avis du Cons. d'État du 4 mars 1808*.).

CHAPITRE HUITIÈME.

DE LA RÉDACTION DES TABLES.

83. Un modèle des tables qui sont dressées annuellement, ainsi qu nous l'avons dit au chapitre premier, articles 6 et 7, est annexé à l présente Instruction, et indique suffisamment le mode de leur rédaction

Les actes de même nature seront classés par catégories distinctes, e d'après l'ordre alphabétique *non-seulement* des initiales de chaque nom mais des différentes lettres qui le composent : ainsi, le nom de MAGREY ser inscrit avant celui de MICHAUD; celui de MICHAUD, avant le nom de MONNOT

84. Les officiers de l'état civil *doivent apporter une exactitude e *des soins minutieux* à la rédaction des tables : la moindre erreur peut entrainer de graves inconvénients.

85. Ces tables doivent être faites sur papier timbré ; il n'y a, du reste, aucun inconvénient à les écrire sur les feuilles demeurées sans emploi, après l'arrêté de clôture de chaque registre. (*Décr. du 20 juillet 1807, art. 4.*)

86. Bien que le décret de 1807 ne prescrive pas la confection de tables annuelles pour les publications, leur utilité est incontestable : car elle permet, lors de la vérification des registres, de constater plus aisément si cette formalité préalable de l'acte de mariage a été remplie.

MM. les maires auront donc soin de dresser aussi une table des publications.

87. Ces tables doivent être certifiées véritables et signées par l'officier de l'état civil. (*Même décr., art. 4.*)

88. Les tables alphabétiques annuelles sont refondues tous les dix ans, pour n'en faire qu'une seule par commune. Les tables décennales sont faites par les greffiers des tribunaux en triple expédition, dont l'une est déposée dans les archives de chaque mairie. (*Loi du 25 septembre 1792. — Décr. de 1807, art. 5.*)

89. Lorsque les maires reçoivent les tables décennales, ils doivent les comparer avec les tables annuelles des dix dernières années, et signaler au procureur du roi les erreurs ou omissions qu'ils y auraient découvertes.

CHAPITRE NEUVIÈME

DES PEINES ENCOURUES PAR LES OFFICIERS DE L'ÉTAT CIVIL.

90. Les contraventions commises par les officiers de l'état civil, dans la tenue des registres et la rédaction des actes, peuvent, suivant la

gravité des circonstances, exposer ces fonctionnaires à des poursuit
devant les tribunaux civils ou correctionnels, et même devant les cou
d'assises.

Articles des Codes et Lois à consulter.

Code civil, art. 50-51-52-53-68-156-157-192-193.

Code pén., art. 145-146. · *De* 192 à 193. · 540-545-546-547-558.

Décrets des 16 *juin et* 5 *août* 1808, *art.* 5

Ordon. royale du 26 *novembre* 1825, *art.* 4. ·

MODÈLES.

OBSERVATIONS.

Les Modèles suivants offrent l'application de la plupa
des Instructions précédentes.

Pour rendre plus sensible le rapport existant entre l
premières et les seconds, les énonciations prescrites par l
ou *tel* numéro de l'Instruction sont signalées dans les Mo
dèles par l'insertion de numéros *ascendants*.

Ainsi, le numéro 41 de l'Instruction est relatif à la nai
sance de deux enfants jumeaux ; et, dans le Modèle n° 2
qui constate la naissance d'une fille jumelle, ce numéro l
est visé plusieurs fois.

Ainsi encore, le numéro 75 de l'Instruction est relatif
la plupart des énonciations que doit contenir un acte c
décès ; et, dans le modèle 11, ce numéro 75 est visé fré
quemment.

MM. les Maires ne doivent pas perdre de vue que tou
les numéros *ascendants*, dans les Modèles, se rapporter
exclusivement à ceux de l'Instruction, et n'ont jamais pou
objet d'indiquer les articles du Code civil.

MODÈLES.

<table>
<tr><td valign="top">

N° 1er.

—

—

**SIMONIN,
Pierre-Victor.**

</td><td valign="top">

L'an mil huit cent quarante-quatre [21] , le quatre janvier, à trois heures de relevée, devant nous Louis Brocard, maire, officier de l'état civil de la commune de Vesoul, chef-lieu de canton de ce nom, département de la Haute-Saône, est comparu en la maison commune, Jean SIMONIN [17] , âgé de trente-quatre ans, jardinier, domicilié ~~aux Haberges, hameau de la com-~~ ~~mune~~ [19] (*) à Vesoul, rue Saint-Georges, numéro trois ; lequel nous a présenté un enfant du sexe masculin, né en son domicile [39] le trois janvier mil huit cent quarante-quatre [21] , à huit heures du soir, de lui déclarant et de Marie GARNIER [17] , son épouse [39] , jardinière [39] , âgée de vingt-deux ans [39] , auquel enfant il a donné les prénoms de Pierre-Victor [40] . Lesdites déclarations et présentation ont été faites en présence de Charles Mouge, âgé de trente ans, aubergiste, domicilié à Vesoul, place Neuve, numéro six, premier témoin ; et d'Emmanuel Cornu, âgé de cinquante ans, propriétaire, domicilié aux Haberges, hameau de la commune de Vesoul, second témoin. De quoi nous avons aussitôt [1] dressé le présent acte ; et, après en avoir donné lecture [22] aux partie et témoins, ils l'ont immédiatement [25] signé avec nous.

(*) Approuvé la rature de six mots à la cinquième et sixième lignes [19] .

Jean SIMONIN.   Charles MOUGE.

Emmanuel CORNU.

Le maire [26] , Louis BROCARD.

</td></tr>
</table>

<table>
<tr><td valign="top">

N° 2.

—

—

BRNOT, Célestine.

</td><td valign="top">

L'an mil huit cent quarante-quatre [21] , le vingt-quatre janvier, à onze heures du matin, devant nous Jean Leclerc, adjoint au maire [12] , faisant, en l'absence de celui-ci, les fonctions d'officier de l'état civil de la commune de Vaivre et Montoille, canton de Vesoul, département de la Haute-Saône, est comparu dans notre domicile, à défaut de maison commune, Désiré Gardien, âgé de quarante-cinq ans, propriétaire, domicilié à Montoille ; lequel nous a présenté un enfant du sexe féminin, né en son domicile et en sa

</td></tr>
</table>

présence [31] le vingt-quatre janvier [21] mil huit cent quarante-quatre , à tr[ois]
heures DIX MINUTES DU MATIN [41] , d'Auguste PERNOT [17] , son beau-frèr[e]
cultivateur, âgé de trente-cinq ans , domicilié à Montoille , actuellement b[ri-]
gadier au troisième régiment de cuirassiers, en garnison à Belfort (Hau[t-]
Rhin) [34] , et de Victoire GARDIEN [17] , son épouse [39] , sans profession [5]
âgée de vingt-huit ans [39] ; auquel enfant il a donné le prénom de CÉLESTINE [4]
ajoutant [41] qu'elle était née jumelle , qu'elle était sortie la première du se[in]
de sa mère [41] , et qu'elle portait sur le bras gauche [41] un signe noir, ron[d]
de la grandeur d'une pièce de un franc, indication dont nous avons véri[fié]
l'exactitude. Lesdites déclarations et présentation ont été faites en pr[é-]
sence d'Isidore Coulon , âgé de vingt-trois ans , menuisier, domicilié [à]
Vaivre , premier témoin ; et d'Émile Barbier , âgé de soixante-cinq ans , sa[ns]
profession, domicilié à Montoille , second témoin. De tout quoi nous avo[ns]
aussitôt [1] dressé le présent acte ; et, après en avoir donné lecture [22] a[ux]
partie et témoins , ils l'ont immédiatement [25] signé avec nous, sauf le seco[nd]
témoin , *qui a dit ne savoir signer* [24] .

DÉSIRÉ **GARDIEN.**   Isidore **COULON.**

L'adjoint [12] *faisant les fonctions d'officier de l'état civil,*

Jean **LECLERC.**

N° 3.

Naissance.

GUÉRIN [36] ,
Stanislas.

GUÉRIN, Stanislas, a été
légitimé (69-71-82) par le mariage contracté à Fougerolles, le
vingt-quatre juin mil huit cent
quarante-quatre (21), entre *Clément Vernier*, âgé de trente-
cinq ans, tailleur de pierres, domicilié à Aillevillers (Haute-
Saône), et *Marie Guérin,* mère
dudit enfant.

En mairie à Fougerolles,

L'AN mil huit cent quarante quatre [21] , le quinze février , à deux heur[es]
de relevée, devant nous Sébastien Monnier, maire , officier de l'état civ[il]
de la commune de Fougerolles, canton de Saint-Loup , département d[e]
la Haute-Saône, est comparue en la maison commune, Denise Renaud, femm[e]
Bernard [31] , âgée de trente ans, accoucheuse, domiciliée au Grand-Fah[y]
section de Fougerolles; laquelle nous a déclaré que , le quatorze février m[il]
huit cent quarante-quatre [21] , à onze heures du soir, Marie GUÉRIN [17]
âgée de vingt-huit ans [39] , célibataire [39] , sans profession [39] , domicili[ée]
au Grand-Fahy, section de Fougerolles, est accouchée en sa présence [31] , au
dit lieu , en la maison [39] de Philippe Guérin , son père , cultivateur , âg[é]
de soixante ans , d'un enfant du sexe masculin, qu'elle nous a présenté , [et]
auquel elle a donné le prénom de STANISLAS [40] . Lesdites déclarations et présentation ont été faites en présence de Paul Morel , âgé de quarante-six a[ns]
voiturier, domicilié à Fougerolles, premier témoin ; et de Marcellin F[our-]
nier , instituteur, âgé de trente ans, domicilié à Fougerolles, second témoin

vingt-quatre juin mil huit
cent quarante-quatre
Le maire (26),
Sébastien MONNIER.

———

NOTA. — *Copie de l'acte de
mariage a été envoyée le même
jour à M. le procureur du roi.*
(71-82.)

De quoi nous avons aussitôt [1] dressé le présent acte ; et, après en avoir donné lecture [22] aux partie et témoins, ils l'ont immédiatement [25] signé avec nous.

DENISE RENAUD, femme BERNARD.   PAUL MOREL.
MARCELLIN TOURNIER.
Le maire [26], Sébastien MONNIER.

N° 4.

——

Naissance.

——

BERNIER [57],
Mélitine.

L'AN mil huit cent quarante-quatre [21], le quatre mars, à neuf heures du matin, devant nous François Dessirier, maire, officier de l'état civil de la commune de Fresne-Saint-Mamès, chef-lieu de canton de ce nom, département de la Haute-Saône, est comparu en la maison commune, ALEXIS BERNIER [17], âgé de trente-deux ans, maréchal ferrant, domicilié à Fresne-Saint-Mamès ; lequel nous a déclaré que, le trois mars mil huit cent quarante-quatre [21], à six heures du soir, en la maison [59] de Justin Gillot, âgé de cinquante ans, propriétaire et ancien militaire, domicilié à Fresne-Saint-Mamès, est né un enfant du sexe féminin, qu'il nous a présenté, et auquel il a donné le nom de MÉLITINE [40], se reconnaissant pour être le père de cet enfant [57], et l'avoir eu de FÉLICIE GÉRARD [17], âgée de vingt-deux ans [59], célibataire [59], tailleuse d'habits [59], domiciliée à Fresne-Saint-Mamès. Lesdites déclarations et présentation ont été faites en présence de Justin Gillot, âgé de cinquante-cinq ans, propriétaire et ancien militaire, domicilié à Fresne-Saint-Mamès, premier témoin ; et de Nicolas Magnin, âgé de trente deux ans, secrétaire de la mairie, domicilié à Fresne-Saint-Mamès, deuxième témoin. De quoi nous avons aussitôt [1] dressé le présent acte ; et, après en avoir donné lecture [22] aux partie et témoins, ils l'ont immédiatement [25] signé avec nous, sauf le premier témoin, qui a déclaré ne pouvoir le faire, à cause de blessure.

ALEXIS BERNIER.   NICOLAS MAGNIN.
Le maire [26], FRANÇOIS DESSIRIER.

N° 5.

——

Reconnaissance.

——

L'AN mil huit cent quarante-quatre [21], le cinq août, à neuf heures du matin, devant nous Théodore Béliard, maire, officier de l'état civil de la commune de Champlitte, chef-lieu de canton de ce nom, département de la Haute-Saône, est comparu LÉONARD DIDELOT [17], âgé de trente-sept ans,

BERTHIER 56 ,
Louise,

reconnue sous le nom de

DIDELOT 57 ,
Louise.

———

NOTA. *Copie de cet acte a été
envoyée, le jour même de sa rédaction, à M. le procureur du
roi* (71—82).

charpentier, domicilié à Champlitte , lequel nous a déclaré qu'il se recon
naissait 56 père d'un enfant du sexe féminin 56-70 , né à Champlitte 56-70 :
neuf décembre mil huit cent quarante-trois 21-56-70 , inscrit le même jour su
les registres de l'état civil de cette commune, sous le prénom de LOUISE 56-70
et comme fille de FRANÇOISE BERTHIER 17-56-70 . Ladite déclaration a é
faite en présence de Ferréol Marbaux , âgé de vingt-neuf ans , maçon , do
micilié à Champlitte , premier témoin ; et de Dominique Berthier , âgé (
trente ans , couvreur , domicilié à Champlitte, second témoin. De quoi nou
avons aussitôt 1 dressé acte ; et, après en avoir donné lecture 22 au décl.
rant et aux témoins, ils l'ont immédiatement 25 signé avec nous.

LÉONARD DIDELOT. FERRÉOL MARBAUX.

DOMINIQUE BERTHIER.

Le maire 26 , THÉODORE BÉLIARD.

———

N° 6·

——

1re **Publication.**

——

VERNIER, Clément

et

GUÉRIN , Marie.

L'AN mil huit cent quarante-quatre 21 , le dimanche 45 cinq mai , à neu
heures du matin, nous Eugène Lambert, maire, officier de l'état civil de l
commune d'Aillevillers, canton de Saint-Loup , département de la Haute
Saône , nous sommes transporté devant la principale porte de la maison com
mune 45 , et nous avons publié, pour LA PREMIÈRE FOIS, qu'il y a promess
de mariage entre CLÉMENT VERNIER 17-44 , âgé de trente-cinq ans , tailleu
de pierres , domicilié à Aillevillers, majeur 51 , fils de SIMON VERNIER 17
maçon, et de JEANNE-CLAUDE MOREAU 17 , journalière , époux, en leu
vivant domiciliés à Baudoncourt , canton de Luxeuil (Haute-Saône), où il
sont décédés, d'une part ;

Et demoiselle MARIE GUÉRIN 17-44 , âgée de vingt-huit ans , sans pro
fession, demeurant au Grand-Fahy, section de Fougerolles, canton de Saint
Loup (Haute-Saône) , majeure 51 , fille de PHILIPPE GUÉRIN 17 , âgé de
soixante ans, cultivateur, et de BAPTISTE THEVENOT 17 , âgée de cin
quante ans, journalière, époux, demeurant au Grand-Fahy, section de Fou
gerolles , d'autre part.

Laquelle publication, lue à haute voix , a été de suite affichée 47 à la
porte de la maison commune 45 .

De quoi nous avons dressé acte immédiatement 1 .

Le maire 26 , EUGÈNE LAMBERT.

L'an mil huit cent quarante-quatre 21 , le dimanche 45 seize juin, à dix heures du matin, nous Eustache Denisot, premier conseiller municipal 12 , faisant, pour empêchement du maire 13 et en l'absence de l'adjoint, les fonctions d'officier de l'état civil de la commune de Delain, canton de Dampierre-sur-Salon, département de la Haute-Saône, nous sommes transporté, à défaut de maison commune 43 , devant la porte de la maison du maire, et nous avons publié, pour LA SECONDE FOIS, qu'il y a promesse de mariage entre Luc-Paulin PELTERET 17-44 , âgé de trente ans, batelier, domicilié à Jonvelle, canton de Jussey (Haute-Saône), majeur 51 , fils de Jean-Louis PELTERET 17 et de Catherine GIRAUD 17 , époux, cultivateurs, en leur vivant domiciliés à Jonvelle, où ils sont décédés ; veuf en premières noces 58 de Virginie TRUBERT 17 , repasseuse, décédée audit Jonvelle, d'une part ;

Et demoiselle Joséphine LENOIR 17-44 , âgée de dix neuf ans, couturière, demeurant à Delain, mineure 51 , fille de Marc LENOIR 17 , âgé de cinquante-deux ans, vigneron et maire 13 , domicilié à Delain, et de Véronique ROBINET 17 , son épouse, vigneronne, décédée à Delain ; ladite Joséphine LENOIR autorisée par son père 54 , d'autre part.

Laquelle publication, lue à haute voix, a été de suite affichée 47 à la porte de la maison du maire 43 . De quoi nous avons dressé acte immédiatement 1 .

Le premier conseiller municipal 12 , *faisant les fonctions*
d'officier de l'état civil,

Eustache DENISOT.

———

L'an mil huit cent quarante-quatre 21 , le dix-neuf juin, à onze heures du matin, devant nous Eustache Denisot, premier conseiller municipal 12 , faisant, pour empêchement du maire 13 et en l'absence de l'adjoint, les fonctions d'officier de l'état civil de la commune de Delain, canton de Dampierre-sur-Salon, département de la Haute-Saône, sont comparus PUBLIQUEMENT 49 en la maison du maire 49 , à défaut de maison commune :

Luc-Paulin PELTERET 17-62 , âgé de trente ans, batelier, domicilié à Jonvelle, canton de Jussey (Haute-Saône), né au même lieu le vingt février mil huit cent quatorze 21 , majeur 51 , fils de Jean-Louis PELTERET 17-62 , cultivateur, en son vivant domicilié à Jonvelle, où il est décédé 52 le cinq mars mil huit cent quarante 21 , et de dame Catherine GI-

RAUD [17-62] , son épouse, cultivatrice, en son vivant domiciliée à Jonvell[e]
où elle est décédée [52] le deux janvier mil huit cent quarante-deux [21] ; v[e]
en premières noces [58] de VIRGINIE TRUBERT [17] , repasseuse, en son [vi]
vant domiciliée à Jonvelle, où elle est décédée le onze mai mil huit ce[nt]
quarante-trois [21] ; lesdits naissances et décès constatés [52] par les extra[its]
délivrés par le maire de Jonvelle, légalisés [59] par le président du tribu[nal]
de Vesoul, et produits par le futur [52-58] ; celui-ci assisté [52] de BARTHÉLE[MY]
PELTERET [17-62] , âgé de quatre-vingts ans, sans profession, domicilié [à]
Jonvelle, son aïeul paternel, ici présent et consentant [52] , d'une part ; —

Et demoiselle JOSÉPHINE LENOIR [17-62] , âgée de dix-neuf ans, cout[u]
rière, domiciliée à Delain, née au même lieu le onze mars mil huit cent vin[gt-]
cinq [21] , mineure [51] , fille de MARC LENOIR [17-62] , âgé de cinquante-de[ux]
ans, vigneron et maire [15] , domicilié à Delain, ici présent et consentant [54] [,]
et de VÉRONIQUE ROBINET [62] , son épouse, vigneronne, en son vivant d[o]
miciliée à Delain, où elle est décédée [52] le quinze mai mil huit cent qu[a]
rante [21] ; lesdits naissances et décès constatés [52] par les registres de l'é[tat]
civil déposés aux archives de la commune de Delain [61] , et que nous avo[ns]
sous les yeux, d'autre part. ▬▬▬▬▬▬▬▬

Les futurs nous ayant requis de procéder à la célébration du mariage pr[o]
jeté entre eux, et dont les publications ont été faites à Jonvelle devant [la]
principale porte de la maison commune, les dimanches deux et neuf juin m[il]
huit cent quarante-quatre, à neuf heures du matin, ainsi qu'il est consta[té]
par le certificat du maire de Jonvelle, du onze du même mois, ici produi[t ;]
et à Delain, devant la porte de la maison du maire, à défaut de maison co[m]
mune, les dimanches neuf et seize juin courant, à dix heures du matin, ain[si]
qu'il est constaté par le registre de la commune [61] , que nous avons sous l[es]
yeux. ▬▬▬▬▬▬▬▬

Sur notre interpellation, et conformément à l'avis du conseil d'état [du]
trente mars mil huit cent huit [65] , BARTHÉLEMY PELTERET, aïeul du futu[r,]
a attesté l'identité de celui-ci, bien que, dans son acte de naissance, le[dit]
futur soit désigné : LUC-PAULIN PELTERET, fils de JEAN-LOUIS, tan[dis]
que, dans son acte de décès, ce dernier est inscrit sous le nom de LOU[is]
PELLETERET. ▬▬▬▬▬▬▬▬

Aucune opposition audit mariage ne nous ayant été signifiée, faisant dr[oit]
à la réquisition des parties, nous avons donné lecture de toutes les pièces [ci-]
dessus mentionnées, lesquelles ont été paraphées [60] par le produisant et p[ar]
nous, et demeureront annexées au présent [60] , ainsi que du chapitre six d[u]
titre cinq du Code civil, relatif au mariage et aux droits et devoirs respect[ifs]
des époux. ▬▬▬▬▬▬▬▬

Nous avons alors demandé aux futurs s'ils veulent se prendre pour mari et pour femme : chacun d'eux ayant répondu séparément et affirmativement, nous déclarons , au nom de la loi , que Luc-Paulin PELTERET 17-62 et JOSÉPHINE LENOIR 17-62 sont unis par le mariage. — De quoi nous avons aussitôt 1 dressé acte , en présence de Stanislas Pelteret, âgé de vingt-sept ans , charron , domicilié à Jonvelle , frère de l'époux 66 , premier témoin ; de Claude Pequignot , âgé de trente-cinq ans , marchand , domicilié à Jussey , ami de l'époux, second témoin ; de Dominique Robinet , âgé de cinquante cinq ans, propriétaire, lieutenant d'infanterie en retraite, chevalier de la Légion-d'Honneur 18 , domicilié à Delain , oncle maternel de l'épouse 66 , troisième témoin ; de Léopold Robert , âgé de quarante ans, propriétaire , domicilié à Delain , beau-frère de l'épouse 66 , quatrième témoin : et après qu'il a été donné lecture de l'acte 22 aux parties et aux témoins , ils l'ont immédiatement 23 signé avec nous , sauf l'aïeul de l'époux, qui a dit ne savoir signer 24 , et le témoin Dominique Robinet , qui ne l'a pu, pour cause d'amputation du bras droit 24 . ▬▬▬▬▬

Luc-Paulin PELTERET.	Joséphine LENOIR.
Stanislas PELTERET.	Marc LENOIR.
Claude PEQUIGNOT.	Léopold ROBERT.

Le premier conseiller municipal 12 *faisant les fonctions d'officier de l'état civil ,*

Eustache DENISOT.

NOTA. Pour faciliter aux Procureurs du Roi la vérification toujours importante des signatures qui doivent être apposées aux actes de mariage , il est indispensable que ces signatures soient parfaitement séparées les unes des autres : il serait même avantageux qu'elles fussent divisées en deux séries , dont l'une comprendrait les signatures 1° de l'époux , 2° de ses parents , 3. de ses témoins ; l'autre, les signatures 1° de l'épouse , 2° de ses parents , 3° de ses témoins , disposées toutes comme elles le sont dans les trois modèles d'acte de mariage.

N° 9.
—
Mariage.

VERNIER , Clément
et
GUÉRIN , Marie.

L'an mil huit cent quarante-quatre 21 , le vingt-quatre juin , à neuf heures du matin , devant nous Sébastien Monnier , maire, officier de l'état civil de la commune de Fougerolles, canton de Saint-Loup , département de la Haute-Saône , sont comparus PUBLIQUEMENT 49 en la maison commune 49 : ▬▬▬▬

Clément VERNIER 17-62 , âgé de trente-cinq ans , tailleur de pierres , domicilié à Aillevillers , canton de Saint-Loup (Haute-Saône), né au même lieu le quinze mars mil huit cent neuf 21 , majeur 51 , fils de Simon VER-

NIER [17-62] , maçon, en son vivant domicilié à Baudoncourt, canton de L.
xeuil (Haute-Saône), où il est décédé [52] le onze mai mil huit cent tren!
huit [21] ; et de JEANNE-CLAUDE MOREAU [17-62] , son épouse, journalièr
en son vivant domiciliée à Baudoncourt, où elle est décédée [52] le vingt :
vrier mil huit cent quarante [21] : lesdits naissances et décès constatés [52] par
extraits délivrés par le maire d'Aillevillers et le greffier du tribunal de Lur
légalisés [59] par le président du même siége et produits ici [52] par le futu
d'une part ;

Et demoiselle MARIE GUÉRIN [17-62] , âgée de vingt-huit ans, sans pr
fession, domiciliée au Grand-Fahy, section de Fougerolles, née au mê
lieu le vingt-quatre janvier mil huit cent seize (*) [21] , majeure [31] , fille
PHILIPPE GUÉRIN [17-62] , âgé de soixante ans, cultivateur, domicilié
Grand-Fahy, section de Fougerolles, non présent, mais consentant [52]
mariage de sa fille suivant acte ici produit, reçu par maître Loiseau, notaire
à Fougerolles, le vingt août mil huit cent quarante-quatre [21] , légalisé [59] p
le président du tribunal de Lure ; et de BAPTISTE THEVENOT [17-62] , épou
dudit PHILIPPE GUÉRIN , journalière, âgée de cinquante ans, domicili
avec lui au Grand-Fahy, ici présente et consentante [55] , d'autre part.

Les futurs nous ont requis de procéder à la célébration du mariage proje
entre eux, et dont les publications ont été faites à Aillevillers et à Fougeroll
devant la principale porte de la maison commune, les dimanches cinq
douze mai mil huit cent quarante-quatre, à neuf heures du matin, ainsi qu'
est constaté par le certificat du maire d'Aillevillers, du quinze mai mêm
année, ici produit, et par le registre de notre commune, que nous avor
sous les yeux [61] .

Sur notre interpellation, et conformément à l'avis du Conseil d'État d
quatre thermidor an treize [52] , CLÉMENT VERNIER nous a déclaré par ser
ment que le lieu du décès ou du dernier domicile de ses aïeuls et aïeules l
ÉTAIT INCONNU , et les quatre témoins ci-après nommés nous ont égalemer
affirmé, sous la foi du serment, qu'ils connaissaient bien le futur, mais qu'i
IGNORAIENT le lieu du décès ou du dernier domicile de ses aïeuls.

Aucune opposition audit mariage ne nous ayant été signifiée, faisant droi
à la réquisition des parties, nous avons donné lecture de toutes les piéces ci
dessus mentionnées, lesquelles, paraphées [60] par les produisants et par nous
demeureront annexées au présent acte [60] , ainsi que du chapitre six du titr
cinq du Code civil, relatif au mariage et aux droits et devoirs respectifs de
époux.

Nous avons alors demandé aux futurs s'ils veulent se prendre pour mar
et pour femme : chacun d'eux ayant répondu séparément et affirmativement

nous déclarons , au nom de la loi , que Clément VERNIER 17-62 et Marie GUÉRIN 17-62 sont unis par le mariage. — Et aussitôt lesdits époux ont déclaré 69 qu'il est né d'eux à Fougerolles 70 , le quatorze février mil huit cent quarante-quatre 70 , un enfant du sexe masculin 70 , inscrit le lendemain sur les registres de cette même commune sous les noms de Stanislas GUÉRIN , fils de Marie GUÉRIN 70 , et qu'ils reconnaissent pour leur fils. ▬

De quoi nous avons aussitôt 1 dressé acte en présence de Valentin Moreau, âgé de trente ans , tailleur de pierres , domicilié à Baudoncourt , cousin germain maternel de l'époux 66 , premier témoin ; de Cyrille Cholley, âgé de trente-deux ans , cultivateur , domicilié à Aillevillers , ami de l'époux , second témoin ; de Prosper Guérin , âgé de vingt-six ans , menuisier , domicilié à Fougerolles , frère de l'épouse 66 , troisième témoin ; d'André Robelin , âgé de quarante-deux ans , cabaretier , domicilié à Saint-Loup , oncle maternel par alliance de l'épouse 66 , quatrième témoin ; et après qu'il a été donné lecture 22 de l'acte aux parties et aux témoins , ils l'ont immédiatement 25 signé avec nous , sauf l'épouse , qui a dit ne savoir signer 24 .

(*) Ainsi qu'il est constaté par les registres de l'état civil de la commune de Fougerolles , déposés aux archives 61 , et que nous avons sous les yeux.

— Ce renvoi 19 , *faisant suite aux mots* mil huit cent seize *de la dixhuitième ligne de l'acte, a été approuvé et signé après lecture* 22 . ▬

Clément VERNIER.	Baptiste THEVENOT, femme Guérin
Valentin MOREAU.	Prosper GUÉRIN.
Cyrille CHOLLEY.	André ROBELIN.

Le maire 26 , Sébastien MONNIER.

L'an mil huit cent quarante-quatre 21 , le seize septembre , à midi , devant nous Léon Richard , maire , officier de l'état civil de la commune de Quincey, canton de Vesoul, département de la Haute-Saône , sont comparus publiquement 49 en la maison commune 49 , Marcel DUJARDIN 17-62 , âgé de vingt-quatre ans , ferblantier , domicilié à Besançon , département du Doubs, majeur 51 , né au même lieu , au mois d'avril mil huit cent vingt 21 , de père et mère inconnus , ainsi qu'il résulte de l'acte de notoriété ici produit, dressé à cet effet le dix-huit juin mil huit cent quarante-quatre 21 , par le juge-de-paix du canton de ladite ville , homologué le vingt juin même année par le tribunal civil de Besançon ; ledit DUJARDIN 62 , caporal au huitième régiment de ligne , actuellement en congé illimité , autorisé 57 à contracter ma-

riage par le maréchal-de-camp commandant le département de la Haute-Saôn
dont la permission , en date du premier août mil huit cent quarante-quatre [24]
est ici produite [57] , d'une part ; ———————————————

Et demoiselle ÉMILIE CHARNAUD [17-62] , âgée de vingt ans , couturière
demeurant à Quincey, née au même lieu le trois mars mil huit cent ving
quatre [21] , mineure [51] , fille de JEAN CHARNAUD [62] , vigneron , en se
vivant domicilié à Quincey, où il est décédé [52] le neuf mai mil huit ce
trente-neuf [21] , et de MARGUERITE LAINÉ [17-62] , son épouse , vigneronne
en son vivant domiciliée à Quincey, où elle est décédée [52] le neuf décembr
mil huit cent quarante [21] ; lesdits naissances et décès constatés [52] par les re
gistres de l'état civil déposés aux archives de Quincey [61] , que nous avor
sous les yeux; ladite ÉMILIE CHARNAUD assistée de son tuteur FRANÇO
LAINÉ, âgé de cinquante ans, cultivateur, domicilié à Quincey, et autorisée
à contracter mariage par délibération prise en conseil de famille , sous la pré
sidence du juge-de-paix de Vesoul , le quinze août dernier, de laquelle ex
pédition est ici produite [56] , d'autre part. ———————————————

Les futurs et le tuteur nous ont requis de procéder à la célébration d
mariage projeté , et dont les publications ont été faites à Quincey et à Besan
çon , devant la principale porte de la maison commune , les dimanches pre
mier et huit septembre courant , à neuf heures du matin , ainsi qu'il est con
staté par le registre de notre commune [61] , que nous avons sous les yeux, e
par le certificat ici produit du maire de Besançon , du onze du même mois , lé
galisé [59] par le président du tribunal de la même ville ; ———————————————

Aucune opposition à ce mariage ne nous ayant été signifiée , faisant droit à
la réquisition des parties , nous avons donné lecture de toutes les pièces ci-
dessus mentionnées , lesquelles , paraphées par les produisants et par nous [60]
demeureront annexées au présent acte [60] , ainsi que du chapitre six du titr
cinq du Code civil , relatif au mariage et aux droits et devoirs respectifs de
époux. ———————————————

Nous avons alors demandé aux futurs s'ils veulent se prendre pour mar
et pour femme : chacun d'eux ayant répondu séparément et affirmativement.
nous déclarons , au nom de la loi , que MARCEL DUJARDIN [17-62] et ÉMILII
CHARNAUD [17-62] sont unis par le mariage. De quoi nous avons aussitôt
dressé acte , en présence de Célestin Bouvet , âgé de trente ans , serrurier,
domicilié à Besançon , ami de l'époux , premier témoin ; de Mathieu Gauthier
âgé de vingt-huit ans , voiturier , domicilié à Quincey, ami de l'époux , se
cond témoin ; de Paul Maurin , âgé de quarante ans , cantonnier , domicilié
à Quincey , cousin maternel de l'épouse [66] , troisième témoin ; de Simon
Perrot , âgé de trente-cinq ans , instituteur et secrétaire de la mairie , domi-

cilié à **Quincey**, beau-frère de l'épouse [66], quatrième témoin ; et après qu'il a été donné lecture [22] de l'acte aux parties et aux témoins, ils l'ont immédiatement [23] signé avec nous.

    Marcel **DUJARDIN.**   Émilie **CHARNAUD.**
    Célestin **BOUVET.**   François **LAINÉ.**
    Mathieu **GAUTHIER.**   Paul **MAURIN.**
                        Simon **PERROT.**

Le maire [26] , Léon **RICHARD.**

MODÈLES

Des paraphes à apposer et des mentions à inscrire [60] *sur les pièces annexées à un acte de mariage.*

(Ces Modèles se réfèrent à l'acte précédent.)

1° *Paraphes apposées au-bas de chaque pièce produite par le futur :*

« Cotée et paraphée par le produisant (6o) Marcel **DUJARDIN**, et par nous « maire (6o), officier de l'état civil de la commune de Quincey, le seize septembre « mil huit cent quarante-quatre. »

    Marcel **DUJARDIN.**   *Le Maire* (26). Léon **RICHARD.**

2° *Paraphes apposées au-bas de chaque pièce produite par la future et par son tuteur :*

« Cotée et paraphée par les produisants (6o) Émilie **CHARNAUD** et François « **LAINÉ**, et par nous maire (6o), officier de l'état civil de la commune de Quin- « cey, le seize septembre mil huit cent quarante-quatre. »

    Émilie **CHARNAUD.**   François **LAINÉ.**
                 Le maire (26) , Léon **RICHARD.**

3° *Mentions inscrites au dos de toutes les pièces* (60).

Année. 1844. — *COMMUNE DE QUINCEY.*
Pièces annexées à l'acte de mariage n° 10 de Marcel **DUJARDIN**
et d'Émilie **CHARNAUD.**

N° 11.

Décès,

MAILLOT, Jacques.

Par jugement du tribunal de Vesoul , du dix-huit décembre mil huit cent quarante-quatre, (21) il a été déclaré que le sieur MAILLOT, dont le décès est mentionné en l'acte ci-contre, avait le prénom de Louis, et non celui de Jacques (82).

En mairie à La Quarte, le vingt-sept décembre mil huit cent quarante-quatre (21).

Le maire (26) ,
ÉTIENNE POMMIER.

L'AN mil huit cent quarante-quatre [21] , le quinze octobre , à trois heure de relevée , devant nous Étienne Pommier, maire, officier de l'état civil d la commune de La Quarte , canton de Vitrey , département de la Haute Saône , sont comparus en la maison commune , Charles Maillot, âgé de trent ans, propriétaire, domicilié à La Quarte , fils [75] du défunt ci-après désigné et André Lieffroy , âgé de soixante-deux ans , cultivateur, demeurant à L Quarte, beau-frère [75] du même défunt, lesquels nous ont déclaré que JACQUE MAILLOT [17-75] , âgé de soixante-huit ans [75] , sans profession [75] , ca pitaine en retraite [80] , chevalier de la Légion-d'Honneur [18] , domicilié à L Quarte , était décédé le quinze octobre mil huit cent quarante-quatre [75] , midi [75] , en la maison [75] du premier déclarant; ajoutant que le défunt était n à Cendrecourt [75] , canton de Jussey (Haute-Saône), fils [75] d'ANTOIN MAILLOT [17] et de CLAUDINE TOUSSAINT [17], époux , décédés à Cendre court ; veuf [75] en premières noces d'ADÈLE ROLLET [17] , décédée à L Quarte , et époux [75] de GENEVIÈVE LIEFFROY [17] , âgée de cinquante quatre ans [75] , propriétaire [75] , domiciliée [75] à La Quarte. Après nous être assuré du décès [75] , nous avons aussitôt [1] dressé le présent acte ; et, aprè en avoir donné lecture [22] aux déclarants , ils l'ont immédiatement signé [2] avec nous.

CHARLES MAILLOT.   ANDRÉ LIEFFROY.

Le maire [26] ,   ÉTIENNE POMMIER.

N° 12.

Décès,

PERCEROU ,
présenté sans vie.

L'AN mil huit cent quarante-quatre [21], , le vingt octobre , à neuf heure du matin, devant nous Henri Martineau , adjoint au maire [12] , faisant, pou empêchement de celui-ci [15] , les fonctions d'officier de l'état civil de la com mune d'Arc , canton de Gray , département de la Haute-Saône , sont com parus en la maison commune , Adrien Pétremand , âgé de trente ans, jar dinier, domicilié à Arc, et Alexis Vermot , âgé de quarante-deux ans , ton nelier , domicilié à Arc , lesquels nous ont présenté un enfant sans vie [42] du sexe masculin ; déclarant que les père et mère [59] de cet enfant sont GUSTAVE PERCEROU [17] , âgé de trente-six ans [75] , propriétaire et maire [15] domicilié [75] à Arc [75] , et CÉCILE PRÉTET [17] , son épouse , âgée de vingt deux ans [75] , sans profession [75] , domiciliée [75] à Arc; et que c'est le dix neuf octobre mil huit cent quarante-quatre, à onze heures du soir [42] , que l'enfant est sorti du sein de sa mère. Ensuite de cette déclaration , et aprè

nous être assuré du décès [73] , nous avons aussitôt [1] dressé le présent acte ;
Lecture [22] faite aux déclarants, ils l'ont immédiatement [23] signé avec nous.

ADRIEN **PÉTREMAND.**   ALEXIS **PERNOT.**

L'adjoint [12] *, faisant les fonctions d'officier de l'état civil,*

HENRI **MARTINEAU.**

N° 13.

—

Décès,

—

DUCROS , Grégoire.

L'AN mil huit cent quarante-quatre [21] , le quatre décembre , à huit heures
du matin , devant nous Valentin Lapelouse , maire , officier de l'état civil de
la commune de Saulx , chef lieu de canton de ce nom , département de la
Haute-Saône , sont comparus en la maison commune , Désiré Robert , âgé
de quarante-deux ans, aubergiste, domicilié à Saulx , et Valbert Caumartin ,
âgé de trente-deux ans, cultivateur, domicilié à Saulx , lesquels nous ont déclaré que GRÉGOIRE **DUCROS** [17-75] , peintre en bâtiments [75] , était décédé
hier trois décembre mil huit cent quarante-quatre [75] , à dix heures du soir [75] ,
au domicile [75] dudit Désiré Robert. Sur notre réquisition , est intervenu César Olivier , âgé de vingt ans , peintre en bâtiments , demeurant à Fréjus ,
département du Var , lequel travaillait actuellement à Saulx avec le défunt ,
et a dit savoir que Grégoire Ducros [17] était âgé de vingt-neuf ans [75] , né à
Toulon [75] , département du Var , mais ignorer [75] les noms , prénoms , professions et domicile de ses père et mère [75] , le lieu de son dernier domicile [75-79] , et s'il était célibataire [75] , marié ou veuf. Après nous être assuré
du décès de Ducros [17-73] et de son identité , au moyen des papiers dont il
était porteur , lesquels ne nous ont pas fourni de plus amples renseignements
que ceux énoncés ci-dessus [79] , nous avons aussitôt [1] dressé le présent acte ;
et , après en avoir fait lecture [22] aux déclarants et au sieur Olivier, ils l'ont
immédiatement [23] signé avec nous.

DÉSIRÉ **ROBERT.**   VALBERT **CAUMARTIN.**

CÉSAR **OLIVIER.**

Le maire [26] *,*

VALENTIN **LAPELOUSE.**

ACTES DE CLÔTURE DES REGISTRES.

Première Formule.

L'an mil huit cent quarante-cinq [24] , le premier janvier, nous Den-
Féron, maire, officier de l'état civil de la commune de Gray, avons clos e
arrêté le présent registre , contenant les actes de naissance , mariage et dé
cès, *OU* des actes de publication de mariage , reçus en cette commune pen
dant la précédente année [5] .

Le maire [26] , DENIS FÉRON.

Deuxième Formule.

L'an mil huit cent quarante-cinq [24] , le premier janvier , nous Jean Pre
vost , maire , officier de l'état civil de la commune de Navenne , avons clo
et arrêté le présent registre , *destiné à recevoir* les actes de naissance, ma
riage et décès , *OU* des actes de publication de mariage , dans cette commune
pendant la précédente année , et sur lequel il n'y a eu lieu d'en inscrir
aucun [5] .

Le maire [26] , JEAN PREVOST.

TABLE ALPHABÉTIQUE

(6—84—85)

Des Actes de l'état civil reçus dans la Commune de . . . . .
(Haute-Saône), pendant l'anné 1844.

NAISSANCES.

NUMÉROS D'ORDRE.	NUMÉROS du REGISTRE.	NOMS ET PRÉNOMS.		DATE de la NAISSANCE.	OBSERVATIONS.
1	4	BERNIER,	MÉLITINE.	3 mars.	»
2	3	GUÉRIN,	STANISLAS.	14 février.	Légitimé sous le nom de *Vernier*, le 24 juin 1844.
3	2	PERNOT,	CÉLESTINE.	24 janvier.	»
4	1	SIMONIN,	PIERRE-VICTOR.	3 janvier.	»

RECONNAISSANCES.

NUMÉROS D'ORDRE.	NUMÉROS du REGISTRE.	NOMS ET PRÉNOMS.		DATE de la RECONNAISSANCE.	OBSERVATIONS.
1	5	DIDELOT,	LOUISE.	5 avril.	Née à Champlitte le 9 décembre 1843. – Inscrite d'abord sous le nom de *Berthier*.

MARIAGES.

MARIAGES.

NUMÉROS D'ORDRE.	NUMÉROS du REGISTRE.	NOMS ET PRÉNOMS.		DATE du MARIAGE.	OBSERVATIONS.
1	10	DUJARDIN, CHARNAUD,	MARCEL, et ÉMILIE.	16 septemb.	»
2	8	PELTERET, LENOIR,	LUC–PAULIN, et JOSÉPHINE.	19 juin.	»
3	9	VERNIER, GUÉRIN,	CLÉMENT, et MARIE.	24 juin.	»

LÉGITIMATIONS.

NUMÉROS D'ORDRE.	NUMÉROS du REGISTRE.	NOMS ET PRÉNOMS.		DATE de la LÉGITIMATION.	OBSERVATIONS.
1	9	VERNIER,	STANISLAS.	24 juin.	Né à Fougerolles le 14 février 1844. – Inscrit d'abord sous le nom de *Guérin.*

DÉCÈS.

NUMÉROS D'ORDRE.	NUMÉROS du REGISTRE.	NOMS ET PRÉNOMS.		DATE du DÉCÈS.	OBSERVATIONS.
1	13	DUCROS,	GRÉGOIRE.	3 décemb.	»
2	11	MAILLOT,	LOUIS.	15 octobre.	Inscrit d'abord sous le prénom de *Jacques.*
3	12	PERCEROU,	»	19 octobre.	Enfant présenté sans vie.

Dressée et

certifiée [87] conformément à l'article 4 du décret du 20 juillet 1807, *par nous*.....
.... *maire, officier de l'état civil de la commune de*....... *le cinq janvier*
mil huit cent quarante-cinq.

Le maire [26] .

TABLE ALPHABÉTIQUE

(6—84—85—86)

Des Actes de publications de mariages reçus dans la Commune de . . . (Haute-Saône), pendant l'année 1844.

NUMÉROS D'ORDRE.	NUMÉROS du REGISTRE.	NOMS ET PRÉNOMS.		PUBLICATIONS.		OBSERVATIONS.
				Nᵒˢ.	DATES.	
1	7	PELTERET, Luc-Paulin, et LENOIR, Joséphine.		2ᵐᵉ	16 juin.	»
2	6	VERNIER, Clément, et GUÉRIN, Marie.		1ʳᵉ	5 mai.	»

Dressée et certifiée [87] *conformément à l'article 4 du décret du 20 juillet 1807,
par nous*.......... *maire, officier de l'état civil de la commune de*.........
le cinq janvier [6] *mil huit cent quarante-cinq.*

Le maire [26] ,

FIN.